A BÍBLIA EXPLICA
A Unção e o Enchimento do Espírito Santo

DAVID PAWSON

ANCHOR RECORDINGS

Copyright © 2019 David Pawson

A UNÇÃO E O ENCHIMENTO DO ESPÍRITO SANTO
BEING ANOINTED AND FILLED WITH THE HOLY SPIRIT

Os direitos autorais referentes a este livro são assegurados a David Pawson, de acordo com a Lei de Direitos Autorais, Desenhos Industriais e Patentes de 1988 (Reino Unido).

Uma publicação da Anchor Recordings Ltd
DPTT, Synegis House, 21 Crockhamwell Road,
Woodley, Reading RG5 3LE, UK

Todos os direitos reservados.

Nenhuma parte desta publicação pode ser reproduzida ou distribuída, em qualquer forma ou por quaisquer meios, sejam eles eletrônicos ou mecânicos, incluindo fotocópias e gravações, ou por qualquer sistema de armazenamento e recuperação de informações, sem autorização prévia, por escrito, da Editora.

Para obter outros materiais de ensino de David Pawson,
inclusive DVDs e CDs, acesse
www.davidpawson.com

PARA DOWNLOADS GRATUITOS
www.davidpawson.org

Mais informações pelo e-mail
info@davidpawsonministry.com

ISBN 978-1-911173-83-0

Esta publicação baseia-se em uma palestra. Por originar-se da palavra falada, muitos leitores considerarão seu estilo um tanto diferente do meu modo costumeiro de escrever. Espero que isto não venha a depreciar a essência do ensino bíblico encontrado aqui.

Como sempre, peço ao leitor que compare tudo o que digo ou escrevo ao que se encontra registrado na Bíblia, e, caso perceba um conflito em qualquer ponto, sempre fie-se no claro ensino das Escrituras.

David Pawson

A BÍBLIA EXPLICA
A Unção e o Enchimento do Espírito Santo

Vamos examinar três passagens da palavra de Deus. A primeira delas, João 1:

No dia seguinte João viu Jesus aproximando-se e disse: "Vejam! É o Cordeiro de Deus, que tira o pecado do mundo! Este é aquele a quem eu me referi, quando disse: 'Vem depois de mim um homem que é superior a mim, porque já existia antes de mim. Eu mesmo não o conhecia, mas por isso é que vim batizando com água: para que ele viesse a ser revelado a Israel'.

Então João deu o seguinte testemunho: "Eu vi o Espírito descer do céu como pomba e permanecer sobre ele. Eu não o teria reconhecido, se aquele que me enviou para batizar com água não me tivesse dito: 'Aquele sobre quem você vir o Espírito descer e permanecer, esse é o que batiza com o Espírito Santo'. Eu vi e testifico que este é o Filho de Deus". (João 1.29-34, NVI)

Eis o que você precisa: ter seus pecados removidos pelo Cordeiro de Deus e ser batizado com o Espírito Santo. Os dois passos são necessários para se tornar, de fato, um cristão. Vamos agora examinar Atos 19.

Enquanto Apolo estava em Corinto, Paulo, atravessando as regiões altas, chegou a Éfeso. Ali encontrou alguns discípulos e lhes perguntou: "Vocês receberam o Espírito Santo quando creram?"

Eles responderam: "Não, nem sequer ouvimos que existe o Espírito Santo".

"Então, que batismo vocês receberam?", perguntou Paulo.

"O batismo de João", responderam eles.

Disse Paulo: "O batismo de João foi um batismo de arrependimento. Ele dizia ao povo que cresse naquele que viria depois dele, isto é, em Jesus". Ouvindo isso, eles foram batizados no nome do Senhor Jesus. Quando Paulo lhes impôs as mãos, veio sobre eles o Espírito Santo, e começaram a falar em línguas e a profetizar. Eram ao todo uns doze homens. (Atos 19.1-7, NVI)

Percebe que crer somente não bastava? Eles precisavam receber o Espírito Santo.

Finalmente, a passagem da breve carta a Tito:

Houve tempo em que nós também éramos insensatos e desobedientes, vivíamos enganados e escravizados por toda espécie de paixões e prazeres. Vivíamos na maldade e na inveja, sendo detestáveis e odiando-nos uns aos outros. Mas quando se manifestaram a bondade e o amor pelos homens da parte de Deus, nosso Salvador, não por causa de atos de justiça por nós praticados, mas devido à sua misericórdia, ele nos salvou pelo lavar regenerador e renovador do Espírito Santo, que ele derramou sobre nós generosamente [a palavra é "copiosamente"], por meio de Jesus Cristo, nosso Salvador. Ele o fez a fim de que, justificados por sua graça, nos tornemos seus herdeiros, tendo a esperança da vida eterna. Fiel é esta palavra, e quero que você afirme categoricamente essas coisas, para que os que creem em

Deus se empenhem na prática de boas obras. Tais coisas são excelentes e úteis aos homens. (Tito 3.3-8, NVI)

Mais uma vez, há dois elementos associados: o perdão e o recebimento do Espírito Santo. É esse o meu tema.

Não sei se você sabe, mas há dois batistas descritos no Novo Testamento. Os batistas são tão antigos quanto a Bíblia, sabia? Certamente você já ouviu falar de um deles – João Batista – mas talvez não tenha conhecimento do outro. Eu me refiro a Jesus Batista, primo de João. Ambos receberam o mesmo título. Tanto João quanto seu primo Jesus são chamados de "batista" no Novo Testamento. João tornou-se Batista aproximadamente quatro anos antes de seu primo Jesus. O termo, na realidade, enfatiza a ação [voz ativa] e significa literalmente "João, o batizador" e "Jesus, o batizador". O Novo Testamento jamais fala do *batismo* do Espírito, mas sim em *ser batizado* com o Espírito – na voz passiva. A voz ativa indica a relação entre o sujeito e a ação expressa pelo verbo, por isso ambos, Jesus e João, foram chamados de batizador. Tratava-se mais de um apelido, não de um nome, e como tal, não se referia a algo que ambos *eram* [batistas], mas ao que *faziam* [batizavam].

Qual o significado da palavra "batizar"?

O que gostaria de lhes ensinar, primeiramente, é o significado da palavra *batizar*. Não há uma tradução para o nosso idioma. A Bíblia apresenta a palavra grega transliterada, o que significa que ela não é traduzida, mas simplesmente grafada no alfabeto latino/romano. Você sabia que um editor da Bíblia na Inglaterra não tinha permissão de traduzir a palavra grega "batizar"? Ela poderia ser apresentada na forma grega somente. É como "champignon". Trata-se de uma palavra francesa, mas ainda a usamos transliterada em nossa língua.

O que, de fato, significa *batizar* na língua grega?

Explicando de forma muito simples, significa inserir um elemento sólido em um líquido, algo que fazemos todos os dias. Se você toma banho de banheira, está inserindo um objeto sólido em um líquido. No grego, por exemplo, afirma-se que um navio que naufraga no mar foi batizado; trata-se de um objeto sólido imerso em um líquido. Quando pensamos no batismo de uma embarcação, no entanto, lembramos da madrinha [geralmente celebridades ou até rainhas], que quebra uma garrafa de champanhe no casco do navio e declara: "Que Deus abençoe todos os que aqui navegarem". Os gregos, contudo, usam o termo somente quando um navio naufraga. Na ocasião do naufrágio do navio Caronia, no Golfo da Biscaia, as manchetes dos jornais gregos noticiaram: "Caronia batizado" – naufragado. A palavra também é usada no processo de tingimento da lã, quando ela deve ser totalmente imersa no corante: a lã é "batizada" para ganhar uma tonalidade diferente. O termo "batizar" também é usado em uma festa. Em um grande recipiente com um ponche de frutas ou algo um pouco mais forte, cada pessoa recebe uma taça e a submerge no líquido para que ela fique cheia. A taça é, portanto, batizada.

Até hoje, quando uma criança é batizada na Igreja Ortodoxa grega, ela é imersa três vezes na água. É necessário um tanque suficientemente grande para isso. Em algumas antigas igrejas paroquiais na Inglaterra, encontram-se batistérios grandes para que o bebê possa ser batizado! Um elemento sólido é imerso em um líquido. Uma igreja grega jamais chamaria de batismo a aspersão de água na testa, pois batismo indica imersão; significa ser encharcado, embebido por completo. É uma palavra maravilhosa, por isso João foi chamado de "batizador". Tratava-se de um apelido cujo significado era aquele que banha, que imerge, que encharca. Esse é o significado da palavra! Com o objetivo único de defender a aspersão, a palavra não pôde ser traduzida para o português. Em todas as outras línguas, ela é traduzida como mergulhar, encharcar, submergir ou saturar – um corpo sólido totalmente envolvido por um líquido.

Dessa maneira, resolvemos a questão do significado da palavra. Sabemos que João batizava em um ponto específico do rio Jordão. Quando você conhecer o Jordão, ficará chocado. Além de sujo, trata-se praticamente de um córrego – um riacho. Logo pensamos: por que será que João, o batizador, usou este local? Em certo ponto do rio, contudo, forma-se uma piscina natural profunda. Você já deve ter ouvido falar de rios que, às vezes, desaceleram e tornam-se mais lentos, formando uma piscina natural. No capítulo 3 de João (sei que você conhece João 3.16, mas me pergunto se já notou esse outro versículo do capítulo 3), João Batista estava batizando em Enom, próximo a Salim, porque havia muita água ali. Nada poderia ser mais evidente.

Em Atos 8, o eunuco etíope diz a Filipe: "Olhe, aqui há água. Que me impede de ser batizado?" – e o texto afirma que *tanto Filipe quanto o eunuco* desceram às águas. Fica claro, portanto, que batizar tem um único significado: ser completamente imerso, encharcado, saturado, coberto em um líquido.

João batizava nas águas porque tinha uma tarefa especial a cumprir. A ele fora revelado que o Rei estava chegando, o Reino estava muito próximo, algo pelo qual aguardavam havia mais de um século – na realidade, havia mais de um milênio, pois mil anos antes, os judeus haviam recebido a promessa de um Rei, o Filho [descendente] de Davi, que restauraria o reino a Israel. Eles esperaram por mil anos, sendo que Deus não falou no espaço de 400 anos – não havia profetas que falassem em seu nome. Cada geração transmitia aos seus descendentes a mensagem de que um dia o Rei viria e, antes que ele chegasse, um profeta anunciaria sua vinda. Após esperar por tanto tempo, não surpreende que todo o povo tenha se apresentado quando surgiu o profeta João, o batizador. Era um homem de Deus, anunciando que o Rei estava chegando, que o Reino estava próximo e que todos deveriam endireitar suas vidas.

Se soubesse que a rainha da Inglaterra viria visitá-lo, o que você faria? Garanto que a primeira atitude das esposas seria pedir aos maridos que pegassem o aspirador de pó para deixar o lugar brilhando, afinal um membro da realeza estaria em sua casa. Se a rainha viesse a um culto em sua igreja, você deixaria tudo limpo e talvez até estendesse o tapete vermelho, não é? A mensagem de João era esta: "O Rei está vindo – preparem-se". Ele não pediu às pessoas que limpassem suas casas, mas que purificassem o coração. O Rei estava a caminho e, quando chegasse, colocaria tudo em ordem; era melhor que todos se purificassem agora para não ouvir dele depois: "Veja como sua vida está imunda".

O batismo é um sacramento

João, portanto, *batizava visando a purificação das pessoas*, e o fazia naquele rio sujo. Quando temos a oportunidade de conhecer o rio Jordão, o pensamento que nos vem à mente é: "Como alguém pode ser purificado nessas águas?". Trata-se, contudo, do que chamamos de sacramento. A Bíblia não se refere ao batismo dessa forma, mas eu o faço, pois um sacramento é um evento físico com efeito espiritual. O batismo é um sacramento. Produz em nós algo que não é físico. Como Pedro escreveu em sua carta, não somos batizados para remoção da sujeira do corpo, mas para que possamos ter uma *consciência limpa*. É isso que o batismo faz por nós. Produz uma boa consciência, algo que só é possível obter se, em primeiro lugar, lidarmos com a sujeira. Essa é a razão pela qual João Batista expõe as condições para que alguém seja batizado nas águas. A primeira delas é que você confesse que está sujo, que reconheça a necessidade de ser limpo e que identifique, de fato, o que torna sua vida impura. Na Bíblia, não há confissão do tipo generalizada. A confissão não é algo genérico como, por exemplo: "Devo ter pecado porque todos pecam" – esse tipo de confissão é inútil. Confessar é afirmar: "Fiz isso... pensei aquilo... e me senti dessa forma". É dar nome aos pecados, e ele ensinou que, antes do batismo, a primeira atitude a tomar é confessar seus pecados. Você precisa admitir que está sujo. Não faz sentido tomar banho até que admita isso.

Em segundo lugar, ele disse você deve *arrepender-se*, ou seja, **endireitar** *o que pode ser endireitado*. Significa romper relacionamentos pecaminosos. Os fariseus vieram e demonstraram o desejo de ser batizados. João reagiu: "Vocês? Vocês querem ser batizados? Nem sequer confessaram seus pecados". E continuou: "Deem fruto que mostre o arrependimento!". Quando lhe perguntaram o que queria dizer com essas palavras, ele respondeu: "Se tem roupas demais, doe algumas; se está adulterando os registros do livro-caixa, coloque em ordem suas finanças". Bastante prático esse arrependimento, não acha? Trata-se de algo que você *faz*, e não algo pelo que lamenta – isso é pesar ou até mesmo remorso. Arrependimento é *endireitar* o que pode ser endireitado.

Desse modo, eles deveriam confessar o que estava errado, endireitar o que poderia ser endireitado e, então, estariam prontos para um "banho", a fim de obter uma consciência limpa. Estariam prontos para receber o perdão de pecados. Até que tenha se arrependido e confessado, você não está preparado para receber o perdão de pecados. Somente após o arrependimento e a confissão é que a água faz efeito. O batismo nem sempre funciona. Há certas condições necessárias para que ele seja um *sacramento*, e essa era a promessa de João: "Arrependa-se e confesse seus pecados, pois, quando eu o imergir nessa água, Deus a usará para purificar o seu interior e você sairá da água com uma consciência pura".

O batismo purifica pecados passados
Foi o que aconteceu com muitas pessoas que batizei, e por isso elas saíram purificadas das águas. Cliff Richard, uma dessas pessoas, registrou posteriormente em sua autobiografia: "David Pawson me lavou, me enxaguou e me pendurou para secar". Também afirmou: "Nunca me senti tão limpo em toda a minha vida". Esse é o propósito do batismo. Um banho para os que estão sujos e um enterro para os mortos, para aqueles cuja vida de pecado está encerrada; são pessoas que abandonam o antigo estilo de vida pecaminoso, sem olhar para trás. Trata-se, na realidade, de um enterro – ao associar um banho e um enterro, você tem a ideia completa do batismo. Era isso que João pregava. Mas ele sabia perfeitamente bem que seu batismo não traria a cura definitiva. Ele podia limpar as pessoas, mas não podia mantê-las limpas. Podia lidar com o passado delas, mas não com seu futuro. O problema é: se você tem uma consciência limpa e um novo estilo de vida, como faz para manter-se limpo e puro? Você não vai sujar-se novamente logo depois? A resposta é sim. O batismo trata apenas do seu passado, purificando-o. O batismo não purifica seu futuro. João sabia disso. Ele poderia preparar as pessoas para a vinda do Rei da justiça, purificando-as de seu passado, mas como mantê-las puras?

Você precisa ser batizado com o Espírito Santo para permanecer limpo
João dizia: "Vocês precisam de outro batismo – realizado por outra pessoa", e afirmava com frequência a todos os que batizava nas águas que seria necessário passar por dois batismos. Ele também anunciava: "Um homem virá depois de mim, e ele poderá lhes oferecer o outro batismo de que necessitam, e esse batismo os manterá limpos, pois limpará tanto seu passado quanto seu futuro". Você precisa

ser batizado com o Espírito *Santo*. Ou, se preferir, com o Espírito *purificador*. Para permanecer limpo, você precisa do Espírito Santo, pois seguramente não conseguirá fazê-lo sozinho. Lidar com o seu passado é apenas metade do caminho e, por si só, não impedirá que você peque.

Lembro-me da primeira vez que pequei após ter sido batizado nas águas. Fiquei muito desapontado comigo mesmo e pensei: "Estava disposto a viver uma vida pura, mas não funcionou". Na época, eu não percebia que o batismo nas águas lida apenas com os pecados cometidos no passado. E, de fato, o passado está purificado.

Comece a vida cristã com um bom banho e sinta-se limpo. Foi o que Jesus nos instruiu a fazer. Ele não estava pensando: "Que teste de discipulado eu poderia aplicar? Já sei! Vou ver se estão dispostos a ficar encharcados da cabeça aos pés diante de todos". Não se trata disso. Muitos acreditam que o batismo seja apenas um testemunho a outras pessoas. Longe disso. Ser batizado é começar a viver de forma limpa; a água é usada com esse propósito. Foi por essa razão que Ananias disse a Paulo: "E agora, o que está esperando? Levante-se, seja batizado e lave os seus pecados, invocando o nome dele". Eu creio que o batismo funciona. Creio que, de fato, o batismo purifica o interior das pessoas. É para isso que serve: oferecer-lhe um novo início na vida cristã. O batismo, contudo, não o manterá puro. Para isso, você precisa de outro batismo, e embora João não pudesse fazer isso por eles, *Jesus* pode!

Quando João fez essa afirmação pela primeira vez, ele não sabia quem seria essa pessoa. Ficou chocado quando seu primo Jesus lhe pediu que o batizasse – pois era de conhecimento de todos a forma absolutamente pura como Jesus conduzia sua vida – e respondeu que era ele quem deveria ser batizado por Jesus, prova de que o próprio João, apesar de ter batizado centenas de pessoas, jamais fora batizado. Ele afirmou que Jesus é quem deveria batizá-lo, mas Jesus respondeu: "Convém que assim façamos". Hoje, qualquer cristão que apresenta a desculpa "Não preciso ser batizado nas águas" deve encarar o fato de que Jesus considerava necessário ele próprio passar pelo batismo, não para ser purificado, mas para cumprir toda a justiça – um ato de obediência a Deus. Não resta desculpa para ninguém, certo?

Ao estudarmos como se dava o nascimento cristão normal no Novo Testamento (conforme expliquei em meu livro *The Normal Christian Birth*), observamos que o batismo nas águas costumava preceder o batismo com o Espírito. Deus tem todo o direito de fazer exceções, mas essa costuma ser a ordem.

Mas vamos adiante. João sabia que o Rei viria, embora provavelmente não soubesse quem seria, e também sabia que outra pessoa batizaria – não nas águas, mas com o Espírito Santo. Deus dissera a João que aquele sobre quem o Espírito Santo descesse do céu, pousasse e permanecesse enquanto fosse batizado, seria o agente do outro batismo. Foi o que João presenciou. Ele não somente viu o Espírito Santo descer em forma de pomba, mas ouviu uma voz que os presentes pensaram tratar-se de um trovão. Quando Deus fala em alto e bom som, sua voz é forte o bastante para assemelhar-se ao som de um trovão. João, contudo, conseguiu distinguir o que ela dizia. A multidão exclamou: "Que trovão!", mas João ouviu as palavras: "Este é o meu Filho amado, em quem me agrado". Deus muito se agradou do batismo de Jesus. Como você ousa desagradá-lo recusando-se a ser batizado?

João, portanto, fez duas afirmações a respeito de Jesus. São elas: "É o Cordeiro de Deus, que tira o pecado do mundo!" e "Ele os batizará com o Espírito Santo". Encontramos a segunda afirmação no início de cada um dos quatro Evangelhos, apesar da ênfase que muitos pregadores colocam exclusivamente sobre a descrição de Cristo como "o Cordeiro que tira o pecado do mundo", desconsiderando o fato de que ele também é "aquele que batiza com o Espírito Santo". Não é estranho? E não é só isso. Somente um dos Evangelhos afirma: "Ele é o Cordeiro de Deus que tira o pecado do mundo", mas em todos os quatro Evangelhos lemos: "Ele os batizará com o Espírito Santo". E tem mais. João afirmou: "Ele é o Cordeiro de Deus que tira o pecado do mundo" apenas uma vez, em uma conversa particular, porém a todos anunciou: "Ele os batizará com o Espírito Santo".

Precisamos de duas coisas: perdão e santidade
Algo aconteceu com a igreja que, de certa forma, ocasionou esse desequilíbrio observado na ênfase dada à cruz e ao Cordeiro de Deus que tira o pecado do mundo, em detrimento da referência a Jesus como aquele que batiza com o Espírito e com fogo. Meu objetivo é restaurar o equilíbrio. Precisamos das duas coisas para chegar ao céu: perdão e santidade – "Sem santidade ninguém verá o Senhor". Se você não for santo aqui na terra, não será santo no céu e rapidamente contaminará o lugar, pois se trata de um lugar santo. Na realidade, não falo muito a respeito do céu, mas do novo céu e da nova terra, o lugar onde viveremos, e nenhum elemento poluente será admitido nesse novo universo. Se você fosse para o céu na condição em que está – se eu fosse para o céu na condição em que estou – estragaríamos a festa de todos. Você pode vir e adorar como está, mas não pode ir ao céu como está. Se fôssemos exatamente como estamos agora, não seria céu para nenhum um de nós.

Precisamos, portanto, dessas duas coisas: perdão e santidade. A primeira é a obra da segunda pessoa da trindade – Jesus; a outra é a obra da terceira pessoa – o Espírito Santo. Ambas são necessárias, o que significa que, em palavras simples, para viver a vida cristã, você precisa receber duas pessoas: a segunda e a terceira pessoa da trindade. Você precisa de Jesus e do Espírito Santo, e o texto bíblico deixa claro que não se pode ter um sem o outro. Trata-se de um ponto muito importante. Para entender, leia o capítulo 8 de Atos. Algumas pessoas se arrependeram de seus pecados, creram em Jesus, foram batizadas nas águas e sentiram alegria plena. No entanto, o texto afirma que nenhuma delas havia recebido o Espírito Santo, por isso Pedro e João vieram de Jerusalém para orar por elas. Não se tinha conhecimento de que alguém, crendo em Jesus, não tivesse recebido o Espírito – a situação precisava ser corrigida imediatamente.

Devo dizer que atualmente há milhares de pessoas em nossas igrejas que, apesar de terem recebido Jesus como Senhor e Salvador, têm somente metade da salvação, pois não sabem como receber o Espírito Santo. Têm apenas metade do que é necessário para ser cristão. Você convidou Jesus para entrar na sua vida, pediu que ele perdoasse seus pecados, mas isso não é suficiente. Há uma terceira pessoa, e sua obra é absolutamente essencial para a vida cristã. Você precisa de dois batismos: precisa de duas pessoas que o farão conforme a imagem e semelhança do próprio Deus.

Jesus realizou maravilhosos feitos durante sua vida. Curou enfermos, expulsou demônios, acalmou a tempestade, alimentou cinco mil pessoas com alguns pães e peixes. Embora tenha realizado maravilhas, nem uma única vez batizou com o Espírito. Perceberam? João havia dito que Jesus batizaria com o Espírito Santo. "Não posso fazer isso por você, mas ele o fará", dizia João, porém Jesus nunca o fez enquanto esteve na terra. Nem uma única vez! Pergunto-me se as pessoas naquela época notaram isso; se chegaram a questioná-lo. Pelo texto, sabemos que Jesus falava com frequência sobre o batismo com o Espírito – sabia disso? Falava constantemente sobre algo que nunca realizou aqui... até a noite anterior à sua morte. Disse Jesus: "Vou lhes falar sobre o Espírito Santo, outro Consolador". Essa não é uma palavra muito positiva. Ela me lembra sofrimento, lágrimas. Na Bíblia, a palavra grega para "Consolador" ou "Conselheiro" é "*parakletos*" ou paráclito, que significa simplesmente "chamado para estar ao lado de outro" – uma linda palavra: vou lhes enviar alguém que os acompanhará. João, em seguida, afirma algo muito interessante. Ele estava *com* vocês, mas estará *em* vocês. Já tem estado ao seu lado, mas deseja estar dentro de vocês, uma grande diferença! O Espírito Santo estivera ao lado dos doze apóstolos – eles saíam, curavam enfermos e expulsavam demônios, e não poderiam ter feito isso por seu próprio poder. O Espírito Santo estava ao lado deles porque Jesus estava ali e o Espírito Santo estava em Jesus. Naquela última noite, contudo, Jesus disse que o Espírito Santo desejava estar *em* você, não apenas ao seu lado, mas dentro de você e de mim. Quando você tem Cristo, tem o Espírito Santo ao seu lado em Cristo. Mas precisa dele *dentro* de você. Há uma grande diferença.

Jesus deu aos discípulos um sinal e uma ordem
Os doze discípulos ainda não tinham o Espírito, por isso Jesus, na noite que antecedeu sua morte, fez a promessa do Espírito. Na primeira noite após sua ressurreição, quando veio vê-los, ele falou-lhes novamente sobre o Espírito Santo e lhes deu um sinal e uma ordem. Contudo, é importante frisar que nada aconteceu naquele momento. Jesus lhes disse: "Aqui está o sinal" e soprou sobre cada um deles. Depois de ter soprado, deu-lhes uma ordem categórica: "Recebam o Espírito Santo". E nada aconteceu. Não há registro de que tenham recebido o Espírito. Na realidade, um dos doze apóstolos não estava presente naquela noite. Tomé não estava ali. Ele perdeu alguma coisa? Não, pois quando voltasse, os outros dez lhe contariam que haviam recebido um sinal e uma ordem. Quando Jesus sopra sobre nós, devemos receber. Tratava-se apenas de um ensaio do que viria a acontecer dez dias depois. Nada mais. Não há registro de que algo tenha

ocorrido naquela ocasião. Jesus soprou sobre os discípulos e então ordenou: "Agora recebam". Se tivessem recebido o Espírito naquele momento, Jesus lhes teria dito que recebessem primeiro e depois sopraria sobre eles. Mas não foi assim – ele soprou e disse-lhes que recebessem, e eles entenderam que na próxima vez que Jesus soprasse sobre eles, deveriam render-se e receber o que ele lhes oferecia. Seis semanas depois, eles os deixou e retornou ao seu lar no céu. Pediu aos discípulos que aguardassem. "Dentro de poucos dias vocês serão batizados com o Espírito Santo". E dez dias se passaram. Às 9 horas da manhã do décimo dia, todos estavam orando no templo, a casa de Deus, um lugar bastante público. Havia 120 pessoas naquele lugar, incluindo Maria, a mãe de Jesus. Você já ouviu alguma pregação sobre a ocasião em que ela falou em línguas? Bem, ela falou. E seus irmãos, em vez de zombarem de Jesus e de sua "síndrome messiânica", agora estavam orando. Os dez discípulos estavam lá, além de Tomé e Matias, que fora escolhido para substituir Judas. Todos eles estavam presentes.

Então, finalmente, eles foram batizados com o Espírito Santo por Jesus, que estava no céu. Ele nunca o fez enquanto estava na terra. Jesus dizia: "Preciso estar lá para que ele possa vir". Devo estar lá em cima para que isso ocorra aqui embaixo, e Jesus somente pôde fazê-lo assim que retornou ao céu. Essa é a razão pela qual afirmei que ele se tornou batista aproximadamente quatro anos depois de seu primo João. Jesus, contudo, batizava com o Espírito Santo e, naquele momento, pela primeira vez na história da humanidade, um grupo de pessoas foi batizado com o Espírito Santo por Jesus, que havia retornado ao céu.

Estou certo de que não preciso repetir a história, pois você a conhece bem, mas ela tem um elemento exterior e um elemento interior. Exteriormente, houve um forte vento e fogo sobre cada um deles. Até onde sabemos, isso nunca se repetiu no Novo Testamento. O fato, contudo, tem se repetido desde então. Estive em uma reunião com aproximadamente 120 pessoas em certo seminário na Inglaterra e, inadvertidamente, fechei os olhos em oração. Temos o hábito de orar dessa forma, mas não era assim que faziam na Bíblia. Eles erguiam os olhos aos céus. Fechei os olhos e acabei não vendo o que mais de uma pessoa posteriormente relatou: uma língua de fogo pousando sobre a cabeça de cada pessoa que estava naquele encontro. Chegaram a me enviar a foto do anúncio de um fogão a gás com uma boca acesa, dizendo: "Parecia-se com isso"! Agora, quando estou orando, tenho a tendência de abrir os olhos para ver o que está se passando à minha volta.

Billy Graham estava a caminho da Escócia para sua primeira cruzada em Glasgow e foi informado de que os escoceses eram extremamente austeros e não atenderiam ao seu apelo dramático. Billy Graham e seus companheiros evangelistas, portanto, reuniram-se em um compartimento do vagão em que viajavam, fecharam as cortinas e se ajoelharam para orar pela cruzada. Billy Graham registra em sua autobiografia que "o som de um vento forte e impetuoso" encheu aquele lugar, e eles souberam que tudo daria certo.

Quando estamos cheios, transbordamos
Trata-se, no entanto, de manifestações especiais, que não ocorrem regularmente. Mas o que nos interessa é o elemento *interior* – o que se passou dentro deles – esse é o nosso foco. Essa experiência pode ser vivida por todos os crentes? Bem, o que aconteceu dentro deles? Eles foram cheios e transbordaram do Espírito Santo. Vamos refletir sobre isso. Certa vez, a caminho de um evento, parei para encher o tanque do carro, pois estava praticamente na reserva. Como sabemos quando o tanque está cheio? Bem, hoje temos uma bomba automática que interrompe o fluxo de combustível,

mas não era assim na época. Como sabíamos que o tanque de gasolina estava cheio? Quando ele transbordava por um pequeno orifício na parte traseira do carro. E como sabemos quando alguém está cheio de algo? Deus nos concedeu uma válvula de escape. Na banheira da minha casa há um pequeno escape – o "ladrão". Costumo fazer longas meditações no banho. Você também? É uma boa maneira de refletir, relaxar. Tenho uma antena parabólica à minha volta para captar mensagens lá do alto, e consigo organizar um livro inteiro durante um banho. Sou capaz de ficar ali até que a água esteja completamente fria. (Veja bem, talvez seja minha teologia – nunca consegui meditar num chuveiro, mas quando estou imerso, posso meditar de fato.) Pouco abaixo das torneiras, contudo, há o ladrão da banheira. Ali há um orifício, e se a banheira fica excessivamente cheia, a água escoa pelo ladrão, produzindo um som desagradável.

Deus nos proveu de uma válvula de escape. Ela fica alguns centímetros abaixo de nosso nariz. Basta tocar com os dedos a ponta do nariz e descer um pouco para encontrar o orifício de escape – Jesus afirmou que de sua boca sairá aquilo de que está cheio seu coração. Palavra impactante. Essa é a razão pela qual mais pessoas pecaram com sua boca do que com qualquer outra parte do corpo. Ouvi certo pároco dizer à sua congregação: "Vou lhes mostrar agora a parte do meu corpo que me traz mais tentações", houve um silêncio mortal e ele mostrou sua língua! Jesus disse que a boca fala do que está cheio o coração.

Quando é dominado pelo medo, você clama. Se estiver tomado de ira, por onde se expressa? Em um momento de muita diversão, como a manifesta? Em sua risada! Isso acontece porque você está cheio de humor, cheio de riso, e ele extravasa.

Desse modo, a evidência clara e indiscutível de que você está cheio do Espírito Santo é algo que sairá de sua boca, e foi exatamente o que aconteceu no dia de Pentecoste. Todos ficaram cheios com o Espírito Santo. Jesus havia dito: "Vocês serão batizados com o Espírito Santo". Foram todos cheios a ponto de transbordar e começaram a louvar. Irromperam em adoração e louvor! Passaram a se expressar em línguas que jamais haviam aprendido. Não me agrada que a expressão "falar em línguas" soe como um balbuciar incontrolável. O termo "idiomas" poderia ser usado aqui. Eles exaltavam as obras poderosas de Deus em idiomas que jamais haviam aprendido. Deus conhece todas as línguas e idiomas, não é? E alguém cheio de seu Espírito pode falar qualquer língua ou idioma que exista na terra ou no céu – quer sejam de homens ou de anjos.

Eles irromperam em louvor a Deus em línguas desconhecidas. É óbvio que 120 pessoas falando em línguas produzem um forte barulho e todos os que estavam no templo puderam ouvir. Pensaram que aquelas pessoas estavam embriagadas. Não era assim que se devia comportar em templos, da mesma forma como hoje orientamos as pessoas a não agirem dessa forma na igreja. Diante da acusação de que estavam embriagados, Pedro indagou: "Bêbados, às nove horas da manhã? Pelo contrário, isso é o que foi predito por Joel". Esse é o espírito da profecia liberando a palavra profética a todos os crentes. Era disso que se tratava, e o espírito da profecia estava sendo derramado sobre todos os tipos de pessoas, independentemente de idade, gênero ou classe social, conforme Joel havia predito. Idade, gênero ou classe social não importam aqui. O Espírito Santo é derramado sobre toda a carne, sobre todos os povos.

Desde então, anualmente as igrejas celebram e relembram esse acontecimento, pois ele foi fundamental tanto para a igreja cristã quanto para a vida cristã. Aquelas 120 pessoas, portanto, sabiam o que significava ser batizado com o Espírito Santo. Era uma experiência, uma experiência consciente.

Elas sabiam quando havia acontecido, poderiam especificar o momento. Aconteceu na festa judaica de Pentecoste, a mesma festa que celebrava a entrega dos mandamentos de Deus a Moisés no Sinai – não apenas os dez, mas os 613 mandamentos. Deus havia entregado seus mandamentos e o resultado imediato no Sinai foi a morte de três mil pessoas por sua desobediência a esses mandamentos – esse evento está registrado no livro de Êxodo.

O Espírito traz vida
Três mil pessoas morreram quando a lei foi outorgada, mas quando o Espírito foi concedido, três mil pessoas foram salvas. É por essa razão que Paulo mais tarde afirma: "A letra mata, mas o Espírito vivifica". Quando as igrejas estão debaixo de regras e ordenanças, quando estão debaixo da letra, elas não têm vida. O legalismo aniquilou mais igrejas do que a libertinagem, porém onde estão o Espírito e a liberdade do Espírito, há vida! Há igrejas mortas e igrejas vivas, e o Espírito é quem faz a diferença. *Eles* e todos os que presenciaram sabiam disso quando o Espírito foi derramado, todos os que estavam presentes o sabiam também. Essa é a marca dos batismos com o Espírito que ocorreram posteriormente: não apenas os envolvidos, mas todos os que os presenciaram estavam cientes do que aconteceu.

Em um parque público, na cidade de Brasília, a capital do Brasil, eu estava sentado ao lado de um simpático missionário, dedicado à sua obra. No entanto, ele confessou tristemente que jamais havia experimentado o poder sobrenatural; referia-se de forma melancólica ao Espírito Santo, que não conhecia de fato. Pediu que eu orasse por ele, e ali, no parque, cercado por famílias que se reuniam para fazer piqueniques, impus minha mão sobre ele e orei: "Senhor, esse caro missionário tem te servido, porém firmado em sua própria força somente. Peço que lhe conceda o seu poder". O homem abriu os olhos e gritou: "Aleluia!" com toda a força de seus pulmões. Seu coração encheu-se a ponto de transbordar. Todas as famílias em volta voltaram-se para ele. Procurei me distanciar, e então ele olhou para mim e perguntou: "É isso?", e eu lhe respondi: "Bem, é o que parece". E disse-lhe: "Aposto que você jamais havia feito isso antes, principalmente em público; você é, de fato, um inglês reservado". Embora eu afirmasse que ele jamais havia tido tal experiência antes, a prova veio a seguir: no período de 24 horas ele havia curado dois enfermos, algo que jamais fizera antes. Foi uma explosão. Ele foi cheio a ponto de transbordar. "Aleluia" foi tudo o que expressou no momento, mas me pareceu o suficiente porque foi bom o suficiente para Deus. O homem foi cheio – a ponto de transbordar.

O apóstolo Pedro, anos depois, não afirmou que fomos batizados ou cheios com o Espírito Santo. Ele simplesmente disse que *recebemos* o Espírito Santo. Quero deixar isso muito claro. Tanto na sua Bíblia como na minha, receber o Espírito Santo, ser batizado com o Espírito Santo e ser cheio do Espírito Santo têm o mesmo significado. E foi o que Paulo quis dizer quando indagou os discípulos em Éfeso: "Vocês receberam o Espírito quando creram em Jesus?". Era o que ele tinha em mente quando escreveu a Tito dizendo-lhe que fomos justificados pela fé, salvos através da justificação pela fé, por meio do Espírito copiosamente derramado em nós. Que bela linguagem usaram! Falaram sobre o Espírito descendo sobre nós, sendo derramado em nós, ungindo-nos, enchendo-nos – esgotaram o vocabulário para tentar descrever essa experiência maravilhosa. Tudo isso, contudo, refere-se a um mesmo evento – sem exceção. Houve ocasiões posteriores em que foram cheios, mas não usaram uma nova expressão para descrevê-las. Usaram "ungido" para a experiência única e singular de derramamento. Usaram "cheio" para experiências repetidas de enchimento e transbordamento. Essa é a única palavra usada para experiências posteriores com o Espírito Santo, e creio que devemos nos ater à forma como a Bíblia faz uso das palavras.

Então é isso. Foi um evento, mas um evento que produziu efeitos. Aquelas pessoas jamais foram as mesmas. Cinco áreas de suas vidas foram radicalmente transformadas depois do dia de Pentecoste – depois de terem sido batizadas com o Espírito.

Os cinco efeitos principais de ser cheio com o Espírito Santo

Em primeiro lugar, eles agora tinham *confiança*. O texto bíblico relata as muitas vezes em que foram cheios com o Espírito e pregaram a palavra de Deus *com ousadia*, com confiança. Eles agora tinham, acima de tudo, confiança em si mesmos. Tinham certeza e convicção. Você quer ter certeza do perdão de Deus? Quer ter certeza de que é filho de Deus? Você não encontrará essa certeza na Bíblia – muitos evangélicos tentam fazê-lo. Eles dizem: "A Bíblia diz isso, eu acredito, então deve ser verdade". Isso é um tipo de dedução. A certeza de que fala o Novo Testamento não vem da Bíblia, mas do Espírito. O próprio Espírito testifica com nosso espírito que somos filhos de Deus. João anuncia: "Sabemos que permanecemos nele, e ele em nós, porque ele nos deu do seu Espírito". É tarefa do Espírito lhe dar a certeza e a convicção de que você é filho de Deus e, seguramente, é isso que acontece.

Depois que minha esposa foi cheia com o Espírito, pude observar sua confiança, sua ousadia para falar, e não me refiro apenas à certeza de ter feito as pazes com Deus, mas, sim, à ousadia no compartilhar a mensagem com outras pessoas. Não há constrangimento, apenas: "Esta é a verdade". Nós a conhecemos! Os discípulos ganharam coragem – não somente para viver por Cristo, mas para morrer por ele. Isso exige confiança, não acha? Demanda coragem. Foi a primeira área transformada na vida daqueles homens.

A segunda mudança foi a *direção* que passaram a ter. Agora, eles eram *conduzidos* pelo Espírito. O Espírito lhes dizia para onde ir, o que fazer. O Espírito assumiu o controle de suas vidas, proibindo-os, às vezes, de ir aonde planejavam. Outras vezes, o Espírito lhes abriu uma porta. Direção parece ser uma das maiores dificuldades para alguns cristãos – tentar encontrar direção para suas vidas, tentar prever a mente de Deus. O Espírito Santo, contudo, nos orienta. "Todos os que são guiados pelo Espírito de Deus são filhos de Deus". É função do Espírito ajudá-lo a conhecer a mente/vontade de Cristo para sua vida, e ele o conduzirá nesse processo.

Em terceiro lugar, eles tinham *poder*. E poder sobrenatural! Eram capazes de feitos que, de outra forma, jamais teriam realizado. Trata-se dos dons do Espírito, e agora eles podiam fazer o que Jesus havia feito. O próprio Jesus lhes dissera na noite anterior à sua morte: "As obras que realizo, vocês também realizarão" – pois Jesus operava milagres não por ser o Filho de Deus, mas sim porque era o Filho do homem agindo no poder do Espírito Santo. Jesus não realizou milagre algum antes dos 30 anos de idade. Não poderia fazê-lo. Tampouco pregou antes de completar 30 anos. Ele era tão real como ser humano quanto você e eu, e, portanto, dependia do Espírito Santo para fazê-lo. Ele disse: "Se é pelo Espírito de Deus que eu expulso demônios, então chegou a vocês o Reino de Deus".

Jesus jamais reivindicou crédito por seus milagres. Ele os atribuía ao poder do Espírito Santo e por isso foi capaz de afirmar: "O que faço, vocês também farão". Impossível? Não! Essa é a razão pela qual aqueles que são batizados com o Espírito começam a presenciar milagres.

O quarto efeito do Pentecoste foi *unidade*. Referiam-se a ela como comunhão do Espírito; o sentido da palavra grega *koinonia* é algo mais profundo do que tomar um cafezinho depois do culto. Tivemos uma secretária na igreja que, todos os domingos, costumava dizer: "Venha sim e tenha comunhão conosco em uma xícara de chá". Na imagem que essa frase trazia à mente, todos os membros da igreja estavam amontoados em uma grande xícara, desfrutando de comunhão em uma xícara de chá! No entanto, você sabe, isso não é comunhão – é apenas amizade. Comunhão é quando algo em comum aproxima e une as pessoas. Era usado em referência aos gêmeos siameses, que partilhavam da mesma corrente sanguínea. Descobri o seguinte: fala-se em todos os cantos sobre unidade na igreja, mas ela nunca será alcançada com a simples reunião de todos sob uma mesma denominação, construção ou organização. Tampouco é possível alcançar a unidade na concordância de toda a doutrina. Algumas pessoas acreditam ser suficiente apresentar ao outro a lista de suas doutrinas e afirmar: "Se você concordar com isso, podemos ter comunhão". Não é assim.

Na Bíblia, você tem *koinonia* com todos os que foram cheios com o Espírito – o mesmo Espírito que está em você. Esse é o primeiro passo no sentido de se alcançar unidade doutrinária ou organizacional. Paulo afirma em Efésios 4: "Façam todo o esforço para conservar a unidade do Espírito pelo vínculo da paz *até que todos alcancemos a unidade da fé*". Foi um choque quando descobri católicos-romanos que haviam sido batizados com o Espírito. Pensei: "Mas não posso ter comunhão com eles, pois ensinam isso, isso, isso e aquilo". Deixei bem claro que não poderia concordar com tudo o que ensina a Igreja Católica – e não concordo. Descobri, contudo, que posso ter *koinonia* com católicos que receberam o Espírito. Lembro-me do querido padre Ian Petit. Nunca conheci alguém que amasse tanto Jesus como ele ama. Dividimos um quarto em uma conferência, e eu lhe disse: "Ian, eu realmente espero que meu quarto no céu seja ao lado do seu". Nunca pensei que diria algo assim a um católico-romano. A unidade *do Espírito*, contudo, vem em primeiro lugar.

E quando encontra alguém que foi cheio com o mesmo Espírito, você partilha da mesma corrente sanguínea, divide o mesmo ar que respira, e pode ter comunhão. Este é o nosso entendimento sobre a unidade da igreja: que todos nós sejamos cheios com o Espírito. Questões doutrinárias ficam para depois.

Eu estava pregando a aproximadamente 60 sacerdotes em um seminário católico-romano, sendo que um cardeal estava sentado na primeira fileira. O título do sermão era "O que a Bíblia não afirma a respeito de Maria" – um tópico escolhido entre as opções que me foram oferecidas. Foi uma escolha arriscada da minha parte. Falei tudo o que a Bíblia afirma sobre Maria e completei: "Nós, protestantes, falamos pouco sobre Maria por receio de que pensem que estamos nos tornando católicos". E disse ainda: "Vocês falam demais sobre Maria e nós falamos de menos. Vamos examinar o que a Bíblia realmente diz – pois uma coisa é certa – Maria falava em línguas". A frase causou certo espanto, mas o fato está registrado na Bíblia – eu lhes disse: "Desde o dia em que Maria falou em línguas, ela tornou-se um membro comum da congregação; ela deixou de desempenhar um papel especial. O próprio Ian Petit veio chorar no meu ombro após a pregação e me disse: "Pela primeira vez eu entendo por que vocês, protestantes, têm problemas conosco, católicos". Dessa forma, foi possível manter a unidade do Espírito *até alcançarmos a unidade da fé*. Havia unidade entre os primeiros discípulos – apesar das discordâncias, eles viviam em unidade, a qual chamavam de "comunhão do Espírito" – como gêmeos siameses que partilham da mesma fonte de vida.

Finalmente, em quinto lugar, eles viviam em *pureza*. Descobriram que poderiam ter uma vida pura. Poderiam ser santos. Poderiam viver como Deus. Agora conseguiriam obedecer ao mandamento encontrado tanto no Antigo quanto no Novo Testamento: "Sejam santos, porque eu sou santo, diz o Senhor". Descobriram que isso seria possível. Durante a próxima semana, tente viver uma vida santa na sua própria força – e depois pode se arrepender e confessar seu pecado diante do Senhor. Já tentou viver uma vida santa por sua própria força? Jamais conseguirá, e não é nada agradável quando lhe dizem para fazer o que for possível – como o homem condenado à prisão perpétua aos 70 anos, que disse ao governador: "Eu nunca vou conseguir", ao que o governador respondeu: "Tudo bem, faça o que puder". É impressionante como muitas pessoas pensam que é isso que se espera de nós quando somos chamados para ser santos: que façamos o que for possível e Deus perdoará o que não conseguirmos fazer. Por meio do Espírito Santo, contudo, os discípulos descobriram que poderiam ter uma vida santa. E a chamaram de fruto do Espírito. Descobriram que o Espírito poderia reproduzir neles o caráter de Cristo, que eles poderiam tornar-se como Jesus.

O fruto do Espírito
O fruto do Espírito é apenas um fruto com nove sabores. Você não pode ter um dos sabores sem os outros oito. Há uma fruta exótica nativa do México chamada *Monstera deliciosa*. Na primeira mordida, você sente o sabor da laranja, mas na mordida seguinte, ela tem gosto de limão. Assim como a fruta reúne em si muitos sabores distintos, o fruto do Espírito tem nove sabores – amor, alegria, paz, paciência, amabilidade, bondade, fidelidade, mansidão e domínio próprio, e todas as qualidades são descrições de Jesus. Se você andar no Espírito, reproduzirá essas nove características. É possível encontrar algumas delas em incrédulos. Porém você jamais encontrará todas elas reunidas

em um incrédulo, pois somente o Espírito Santo em um cristão pode produzir o fruto completo. Amor, alegria, paz, paciência, amabilidade, bondade, fidelidade, mansidão e domínio próprio – observe que as três primeiras o levam à perfeita harmonia com Deus, as três seguintes conduzem à perfeita harmonia com os outros, e as últimas três resultam na harmonia consigo mesmo, a fim de que você mantenha bons relacionamentos com Deus, com os outros e consigo mesmo – através do Espírito Santo.

Chegou a hora de refletirmos sobre nós, hoje. Falei sobre o que aconteceu *naquela época*, e chegou o momento de falar sobre nossos dias – *aqui e agora*. Precisamos responder perguntas importantes. Não necessitamos também das mesmas cinco mudanças? Você concorda que se trata das principais necessidades da igreja hoje? Esses cinco efeitos (eu poderia ter mencionado muitos outros) são necessidades urgentes, mas como vamos produzi-los? Como podemos produzir os efeitos sem o evento? Essa é a grande pergunta ou, em outras palavras, o Pentecoste foi um acontecimento único ou repetiu-se em outro momento? Poderia acontecer hoje ou estamos celebrando, a cada domingo de Pentecoste, o aniversário de um momento da igreja que ficou no passado? Estamos simplesmente olhando para algo passado em vez de tomar parte nele?

Três perspectivas atuais da igreja sobre a experiência de Pentecoste

No domingo de Pentecoste, a maioria das igrejas olha para o passado – não se fala em vivê-lo hoje. "Que acontecimento maravilhoso que colocou a igreja em movimento!", afirmam, e ponto final. Pobre de mim! Agora que toquei em um tema controverso, serei muito honesto com você e compartilharei as três principais perspectivas a respeito da questão: "O Pentecoste aconteceu outra vez?". São visões bastante distintas, e há muitas igrejas e denominações entre elas. Eu chamo as perspectivas de *Sacramental*, *Evangélica* e *Pentecostal*, e você mesmo deve examinar a Bíblia e adotar uma delas. Não se contente em ouvir pregadores e mestres ou em seguir a denominação em que cresceu ou sua origem. Você deve recorrer à palavra de Deus e concluir por si mesmo qual dessas visões está correta.

A visão *Sacramental* é muito simples: o Pentecoste jamais se repetiu, foi um evento único e ímpar que colocou a igreja em movimento; o Espírito foi então concedido à igreja para nela habitar, e se o seu desejo é beneficiar-se desse evento ocorrido há muito tempo, basta unir-se a uma igreja. Você, então, "entra" em uma comunidade do Espírito e os cinco efeitos serão produzidos em sua vida. Essa visão de que o Espírito Santo agora habita na igreja gera outro questionamento: "Como posso usufruir disso como indivíduo?" – e a resposta é: por meio dos sacramentos da igreja. A visão católica da abordagem Sacramental é que você recebe o Espírito Santo ao ser batizado quando bebê, e esse batismo é duplo – você é batizado nas águas e no Espírito ao mesmo tempo. Não se lembrará de nenhum deles, mas posteriormente deve acreditar que, de fato, aconteceu e naquela ocasião você recebeu o Espírito.

Segundo a versão anglicana, isso ocorre na crisma e, se você prestou atenção na leitura do Livro de Oração Comum, perceberá que os anglicanos devem crer que quando a criança é batizada ela nasce no Espírito e quando é crismada, anos mais tarde, ela recebe o Espírito Santo. O bispo, ao impor sobre você as mãos, lhe dirá: "Receba o Espírito Santo". É possível que nada aconteça, que você não sinta nada – provavelmente não sentirá mesmo – mas deve crer que esse foi o momento em que recebeu o Espírito. Honestamente, não consigo concordar com essa visão, de forma alguma. É como se não fosse Jesus quem me batizasse no Espírito, mas um sacerdote da igreja. É ele que devo buscar. Creio que é algo totalmente contrário ao que ensina a Bíblia. Ninguém além de Jesus poderia batizá-lo no Espírito Santo, e ele não poderia fazê-lo antes de retornar ao céu. Mas essa é a crença.

Aproximadamente dois terços da população britânica foi batizada quando criança. Você diria que dois terços dos britânicos receberam o Espírito Santo? Quase um quarto da população foi crismada na adolescência. Você diria que um quarto dos britânicos recebeu o Espírito Santo? Penso que os fatos mostram exatamente o oposto. Eu acredito, no entanto, que Jesus é quem batiza, não um sacerdote, e esse é meu maior problema com essa perspectiva. Essa, contudo, é uma das perspectivas, e, provavelmente, a maioria dos britânicos que são membros de igrejas aprendeu que o Espírito foi recebido no batismo ou na crisma – embora nada de especial tenha acontecido, é de se esperar que creiam nisso. Conheço um bispo que ficou assombrado quando declarou: "Receba o Espírito Santo", e a pessoa, de fato, recebeu! Ela desatou a falar em uma língua desconhecida e o bispo quase abandonou a batina! Ele nunca havia presenciado algo assim. Mas foi o que ocorreu naquela única ocasião (conheço o bispo pessoalmente). Na maioria das vezes, entretanto, nada acontece, pois se você foi batizado quando criança, o fato não teve nenhum significado nem lhe deixou qualquer lembrança, exceto pelo certificado com seu nome. Essa é uma das visões, e peço desculpas se pareço um pouco sarcástico, mas simplesmente não consigo alinhá-la com o Novo Testamento.

A segunda perspectiva, que talvez você conheça, eu chamo de *Evangélica*, e considero o professor John Stott seu representante. Segundo essa visão, o Pentecoste repetiu-se somente três outras vezes no livro de Atos: uma com um grupo de samaritanos, outra com um grupo de gentios – Cornélio e sua família – e mais uma vez com os discípulos de João, em Atos 19. O evento ocorreu apenas quatro vezes na história e foi chamado de "Pentecoste dos judeus", "Pentecoste dos samaritanos", "Pentecoste dos gentios" e "Pentecoste dos discípulos de João", respectivamente. Sendo assim, não se deve esperar que o Pentecoste aconteça com você. Como posso, então, experimentar o evento do Pentecoste? Se a visão Sacramental afirma "atenha-se aos sacramentos da igreja", a visão Evangélica declara: "converta-se", "convide Jesus para entrar em sua vida", e muitos outros eufemismos como "aceite Jesus", "tome uma decisão", "entregue o controle de sua vida a Jesus". Nenhuma dessas frases é encontrada na Bíblia, mas as usamos frequentemente, e o ensinamento que trazem é: quando você *recebeu* Jesus como seu Salvador e Senhor, *automaticamente* e, muitas vezes, *inconscientemente*, você recebeu o Espírito Santo.

Essa é a perspectiva mais comum entre os evangélicos, portanto você não pode usar a linguagem do Novo Testamento a respeito de sua conversão. Um número muito reduzido de evangélicos refere-se à sua conversão como um batismo com o Espírito. Nenhum deles usa a palavra *cheio* em referência à conversão. Nenhum deles fala sobre o Espírito sendo "derramado" ou "descendo" sobre nós. Essa linguagem torna-se irrelevante, pois como descrever uma experiência inconsciente com palavras tão poderosas? Simplesmente não é possível. Consequentemente, todas aquelas palavras usadas no Novo Testamento em referência ao batismo no Espírito são descartadas e substituídas por esses termos antibíblicos como "convidar Jesus para entrar em sua vida", etc. E principalmente, o Novo Testamento não fala sobre "*receber Jesus*"! Falava em "recebê-lo" quando ele esteve na terra, pois era possível convidá-lo para vir à sua casa – e afirma que ele veio para seu próprio povo, e os seus não o receberam, mas a todos quantos o *receberam* (passado – durante os dias em que esteve presente de corpo), deu-lhes o direito de se tornarem filhos de Deus, os quais não nasceram pela vontade da carne nem pela vontade de algum homem, mas nasceram de Deus.

Arrepender-se, crer, receber
Tudo isso, todavia, acontece no pretérito – enquanto Jesus esteve na terra. Na ocasião, ele afirmou: "Quem me recebe, recebe aquele que me enviou", mas depois que ele subiu e foi recebido nos céus diante de todos, *nunca mais* os apóstolos falaram em receber Jesus. Você não pode recebê-lo, pois ele não se encontra mais na terra. Está à direita do Pai. O que você *pode* e deve receber agora é o Espírito Santo, que tomou o seu lugar na terra. Os discípulos, portanto, nunca pregaram que Jesus fosse recebido como Senhor e Salvador. Eles diziam: *creiam em Jesus* e *recebam o Espírito Santo* – e, antes disso, acrescentavam algo. Diziam: *convertam-se a Deus com arrependimento*, creiam em Jesus (que está à direita de Deus) e recebam o Espírito Santo (agora presente na terra). Fizemos uma grande mistura em nossa língua e, francamente, o resultado é que muitos, muitos cristãos não sabem se receberam o Espírito Santo. Não há um evento específico para o qual apontar, não há em sua vida um Pentecoste em que o Espírito tenha descido ou tenha sido derramado. Essa, portanto, é a segunda visão, a segunda mais comum. Mas vamos em frente... A ideia é que o Pentecoste extinguiu-se depois dos apóstolos e tal visão hoje costuma opor-se à profecia e ao dom de línguas: são coisas que pertencem ao passado.

Chego então à terceira grande visão que hoje está invadindo a igreja em todo o mundo, ganhando enorme destaque no século 21 – a visão *Pentecostal* – que parte de uma premissa muito simples: Jesus é o mesmo ontem, hoje e para sempre, portanto continua realizando a mesma obra, da mesma forma. É um argumento simples, e de acordo com essa visão todo crente deve experimentar seu próprio Pentecoste e vivenciar esse evento histórico. Parece um pouquinho complicado, não é? Em outras palavras, é a mesma forma pela qual os apóstolos receberam o Espírito – bem como todos os demais irmãos da igreja do Novo Testamento. Quando lemos a Bíblia com atenção, percebemos que os apóstolos esperavam que todo crente no Novo Testamento vivenciasse esse mesmo evento em suas vidas. Foi o que Pedro afirmou repetidas vezes. Ele disse: "Não há como não aceitar Cornélio e sua família, visto que eles receberam o Espírito assim como nós recebemos" – a mesma experiência, o mesmo acontecimento: cheios até transbordar, às vezes, em línguas desconhecidas, outras vezes em sua própria língua. Os dois eventos ocorreram no Novo Testamento – uma explosão de palavras vindas de Deus. Era o que cada crente buscava e esperava. É por isso que Pedro e João dirigiram-se rapidamente a Samaria, pois aqueles irmãos não haviam tido a experiência – arrependeram-se, creram, foram batizados, estavam cheios de alegria, mas não tinham recebido o Espírito. Pedro e João correram e oraram por eles, e o texto afirma: "Depois de orarem... todos ficaram cheios do Espírito Santo", eles tiveram o seu Pentecoste. Essa era a forma *normal* pela qual o Espírito Santo era recebido *na época* – e, segundo os pentecostais, *hoje* também. O Pentecoste foi somente a *primeira* dessas ocasiões.

Afinal, era o que João Batista havia prometido a todos os que batizou nas águas. Será que ele acrescentou: "Obviamente estará restrito aos que porventura estiverem presentes no dia de Pentecoste"? Parece ridículo, não acha? João disse que os batizava com água, mas "Jesus os batizará com o Espírito Santo". Era uma promessa feita a todos e, no dia de Pentecoste, Pedro a confirmou: "A promessa é para vocês, para os seus filhos e para todos os que estão longe, para todos quantos o Senhor, o nosso Deus, chamar". A promessa de ser batizado no Espírito Santo é universal e transcende tempo e espaço. Você já deve ter percebido que essa é a minha visão. Fui conduzido a ela por meio do estudo da Bíblia.

O testemunho de David

Quero lhe dar meu testemunho. Vim a conhecer Jesus quando eu tinha 17 anos, por meio de um primo, o evangelista Tom Rees, em um lugar chamado Hildenburgh Hall. Eu não conhecia o Espírito Santo. Através do conhecimento de Jesus vim a conhecer também o Pai, e sabia quem eram o Pai e o Filho, mas se você me perguntasse sobre o Espírito Santo, eu não saberia bem o que dizer. Seguramente, eu não o conhecia a ponto de conversar com ele, e assim foi durante anos. Na Universidade de Cambridge, cursei um ano de pós-graduação em que podia escolher o que estudar, e uma das matérias escolhidas foi "O que aconteceu no dia de Pentecoste registrado em Atos 2?". Na dissertação sobre o tema, minha conclusão foi bastante erudita e, após citar estudiosos gregos e hebraicos, afirmei "ninguém sabe", concluindo em completa ignorância. Eu pensava que o fato ocorrera havia muito tempo e num lugar tão distante que ninguém poderia entender o que aconteceu. Consegui uma boa nota no trabalho, citei os pensadores certos e acrescentei um pouco de minha própria cabeça.

Dei início, então, ao meu ministério e pregava regularmente, porém havia certo dia do ano em que eu não gostava de pregar – o domingo de Pentecoste – pois não poderia falar apenas do Pai e do Filho, mas precisava preparar dois sermões sobre a terceira pessoa da trindade. Conseguia fazê-lo baseando-me em livros, mas qualquer pessoa com algum discernimento teria percebido que eu apresentava apenas ensinamentos de livros, assim como faziam os escribas, embora ao contrário destes, meus ouvintes reconhecessem que Jesus sabia do que estava falando. Entrei em crise. Como fazem muitos pregadores, decidi (uma decisão esperta) expor minha dúvida no púlpito. Certa senhora disse ao seu pároco: "Por favor, pare de compartilhar conosco as suas dúvidas. As minhas já são suficientes". Mas é o que nós, pregadores, fazemos às vezes. Desse modo, anunciei que pregaria uma série de vinte sermões sobre o Espírito Santo e conduziria a igreja por todas as referências ao Espírito encontradas na Bíblia, da Geração à Revolução (de Gênesis a Apocalipse), do começo ao fim, e comecei a série.

Saí-me muito bem com o Antigo Testamento. O Pentecoste estava distante o bastante – falei sobre os profetas sendo cheios com o Espírito – Sansão e todos os outros. E sobre os primeiros três Evangelhos. Sem problemas. Então entrei em João – capítulos 14–16. Comecei a sentir que eram águas profundas demais para mim; eu havia decidido ler Atos 2 no domingo de Pentecoste e agora temia a ideia. No entanto, eu havia começado e agora precisava terminar. Comecei a perguntar a mim mesmo o que falaria sobre Atos 2 no domingo de Pentecoste.

Naquela época, havia na igreja um homem que se considerava líder da oposição. Creio que a maioria das igrejas tenha alguém desse tipo – entendem o que quero dizer? O querido James, como era seu nome, ou Jimmy, como todos o chamavam, liderava a oposição e quando se via diante de minhas sugestões, durante as reuniões da igreja, sua resposta era sempre: "Já fizemos e não funcionou" ou "Nunca fizemos e não vamos mudar". Eu costumava retornar de uma reunião dizendo: "Ah, Jimmy, Jimmy". E minha esposa aconselhava: "Não se preocupe com o Jimmy. Ele é o único que se opõe a você, todos os membros da igreja estão ao seu lado. Esqueça-o". Eu respondia que não era possível esquecê-lo. Confesso que ele me dava certo sossego de sua presença pelo menos uma vez por ano. Jimmy tinha pulmões sensíveis e, em determinada estação do ano, desenvolvia uma rinite que se transformava em congestão pulmonar e podia deixá-lo acamado por até seis semanas, e devo admitir que sua ausência muito me alegrava. Nesse ano em especial, quando eu estava no meio da série de sermões sobre o Espírito Santo, Jimmy ficou de cama durante algumas semanas.

Pensei que deveria visitá-lo, como parte de minhas obrigações de pastor. E lá fui eu. Jimmy estava deitado, e conforme eu caminhava em sua direção, ouvia insistentemente em minha mente: "James 5, James 5, James 5". Pensei: tudo bem, o James é ele, mas o que significa o número "5"? Então me lembrei do que está registrado em Tiago 5: "Entre vocês há alguém que está doente?". O texto continua dizendo que a pessoa enferma deve ser ungida com óleo e que se deve orar por ela, e o enfermo será curado, então pensei: "Ah não, o Senhor não está querendo que eu faça isso pelo James, certo?".

Aproximei-me de James que estava ali deitado, pálido, com dificuldade para respirar, e sua primeira pergunta foi: "O que você acha de Tiago 5?".

Respondi: "Tenho pensado sobre isso. Por quê?".

"Porque preciso viajar à Suíça a trabalho na próxima terça, e o médico diz que não posso ir, mas você me ungiria com óleo?", perguntou Jimmy. Eu lhe disse que oraria a respeito. Essa é uma boa escapatória. Soa tão bem! Fui para casa e pedi ao Senhor que me dissesse por que eu não deveria fazer isso – que me desse uma boa razão para não fazê-lo.

Na quarta-feira, contudo, a esposa de Jimmy me telefonou e perguntou se eu ungiria seu marido. Concordei em ir naquela mesma noite. Dirigi-me à farmácia, comprei um frasco grande de azeite e, em seguida, fui à igreja sozinho e me ajoelhei no púlpito para orar por Jimmy. Já tentou orar por alguém que você se alegra por estar enfermo? É um problema de fato, mas foi o que fiz e, de repente, eu estava orando pelo Jimmy com toda a alma e todo o coração. Eu realmente estava orando, porém não na minha língua. Soava chinês para mim. Consultei o relógio assim que terminei. Uma hora havia se passado, assim, de repente. Indaguei a mim mesmo se conseguiria repetir o feito. Curvei a cabeça, pensei no Jimmy e então passei a orar em uma língua semelhante ao russo. Pensei: "Puxa vida! Foi o que aconteceu em Atos 2! É isso! Coisas maravilhosas acontecerão esta noite".

Ao lado de alguns líderes, fui ao hospital. Abrimos a Bíblia em Tiago 5 e lemos como se estivéssemos seguindo um manual de instruções. Dissemos: "A primeira coisa a fazer é confessar os pecados uns aos outros". Voltei-me para Jimmy e lhe disse: "Jimmy, nunca gostei de você" – isso é confessar pecados, sabia? E ele respondeu: "Bem, parece que é mútuo". Após a leitura, eu disse: "Certo, e agora nós vamos ungi-lo". Removi a rolha do frasco de azeite e o derramei sobre seu cabelo – sabe o que aconteceu? Absolutamente nada! Levantei-me e disse "Bem, fizemos tudo" – virando-me para fugir. Andei apressadamente até a porta do quarto e apenas voltei-me para Jimmy e perguntei: "Você ainda tem sua passagem para amanhã?". "Sim, é claro", respondeu ele. Eu me ofereci para levá-lo ao aeroporto e sai imediatamente. Meu último desejo naquele momento seria encontrar-me com ele no dia seguinte, mas às 10 horas do dia seguinte, atendi o telefone surpreso: "Jimmy! Você está bem?" (que falta de fé!). Ele respondeu: "Estou muito bem. Você pode me pegar às 11?". Concordei e perguntei se o médico havia permitido que ele saísse. Jimmy respondeu que havia falado com o médico e tinha sido liberado. Perguntei o que havia acontecido. Jimmy contou que, no meio da noite, sentiu como se duas mãos enormes pressionassem seu peito e o fizessem expelir grande quantidade de líquido.

No dia seguinte, conseguia respirar e tinha decidido cortar o cabelo, mas o barbeiro lhe dissera que teria de lavar o cabelo primeiro, pois jamais vira um cabelo tão oleoso em toda a sua vida.

Levei Jimmy ao aeroporto. Há três coisas que você precisa saber. A primeira é que ele tornou-se meu melhor amigo. A segunda, ele e sua esposa foram batizados no Espírito. E a terceira, Jimmy nunca mais teve esse problema de saúde. Não se trata de obra do diabo, concorda? Foi assim.

No domingo seguinte, eu estava novamente no púlpito, falando sobre o capítulo 16 de João. Preguei da mesma forma como havia pregado nas semanas anteriores, mas um jovem marceneiro me abordou e perguntou: "O que aconteceu com você esta semana?". Respondi: "Por quê? O que quer dizer?". E ele explicou: "Agora você sabe do que está falando". Esse jovem tornou-se um pastor batista em Bristol, Inglaterra.

Bem, daquele ponto em diante comecei a fazer o que jamais havia feito na vida. Os dons estavam agora à minha disposição. Mas veja, fico feliz por ter sido batizado no Espírito sem o auxílio de outra pessoa, pois pude me certificar de que vinha dele. Muitos acreditam que seja necessário encontrar uma pessoa cheia do Espírito e, então, receber dela. Não! Ninguém além de Jesus pode batizá-lo no Espírito. Ele é a primeira pessoa que você deve buscar para receber o Espírito Santo.

Estive em Jerusalém há algum tempo. Na realidade, também estive em Gaza, desviando de mísseis. Enquanto estava em Jerusalém, encontrei por acaso o irmão Yun, o "homem do céu", autor do livro de mesmo título. Todo cristão precisa ler esse livro. Depois de lê-lo, você nunca mais murmurará. Esse homem foi torturado, sofreu choques elétricos, teve as pernas fraturadas, porém saiu andando da prisão quando as portas se abriram diante dele – ficou sem alimento durante 74 dias e permaneceu vivo e cheio do Senhor. Mas eu não havia lido seu livro. Tive vergonha de confessar isso a ele quando nos conhecemos. Tivemos profunda identificação, mas eu jamais lera seu livro. Desde então, sempre o leio. Ele escreveu:

Eu não sabia bem quem era o Espírito Santo. [Yun era cristão, havia lido e memorizado sua Bíblia.] *Corri e perguntei à minha mãe. Ela não conseguiu explicar. Simplesmente disse: "Já lhe contei tudo de que consigo me lembrar. Por que você não ora e pede a Deus pelo Espírito Santo exatamente como orou por sua Bíblia?". Minha mãe não sabia ler, por isso tinha um conhecimento superficial da Bíblia. Ela havia aprendido a recitar alguns versículos somente. Foi um momento impactante na minha vida. Eu tinha um anseio pela presença e pelo poder de Deus e agora percebia a importância de conhecer a palavra escrita de Deus. Orei ao Senhor: "Preciso do poder do Espírito Santo. Meu desejo é ser tua testemunha". Após a minha oração, o Espírito de alegria divina foi derramado sobre mim. Uma revelação profunda do amor e da presença de Deus inundou meu ser. Antes, eu jamais apreciara cantar, mas muitos novos cânticos de adoração fluíram de meus lábios. Continham palavras que eu nunca aprendera. Mais tarde, eu as escrevi e, ainda hoje, esses cânticos são entoados pelos irmãos das igrejas chinesas que se reúnem em casas.* (Tradução livre do trecho do livro The Heavenly Man – versão em português O Homem do Céu, Paul Hattaway).

Cânticos que ele jamais havia aprendido, palavras que nunca ouvira fluíram dele. Observe a linguagem espontânea – "inundar a alma", "derramar-se", "fluir". Esse foi o Pentecoste de Yun. Imediatamente, ele começou a ser conduzido pelo Espírito Santo – que lhe dizia aonde ir, as pessoas com quem encontrar-se no dia seguinte, os nomes e até mesmo as roupas que estariam vestindo para que ele as reconhecesse. Yun passou a viver no Espírito daquele momento em diante – você precisa ler sua história.

Quais são as condições para receber o Espírito Santo?
Eu acompanharia Yun em Jerusalém e falaria, depois dele, a cinco mil cristãos que representavam 74 países, e pensei: "Falar depois dele?". Então apenas me levantei e disse: "Agora vocês me ouvirão – o 'homem da terra'; Yun é o homem do céu". Esse era seu testemunho. Concluindo, portanto, quais são as condições? O que você precisa saber a fim de estar pronto para receber o Espírito Santo e ser batizado?

Primeiramente, creio que há *três passos básicos* que devem ser dados. São eles: 1) *arrependa-se de todo pecado conhecido e endireite o que puder ser endireitado*; 2) *creia no Senhor Jesus como seu Salvador e Senhor*; 3) *seja batizado nas águas*. Esses são os três passos básicos. A outra condição é muito simples. Jesus nos ensinou a pedir, mas ele nunca disse para pedirmos apenas uma vez. *Ele disse: "Continue pedindo e receberá; continue batendo e a porta se abrirá; persista"*. *Continue pedindo*. Ouvi de algumas pessoas: "Sabe, uma vez eu pedi para receber o Espírito Santo e nada aconteceu". Você pediu apenas uma vez? Estava falando sério? Quando meus filhos queriam ganhar uma bicicleta, diziam: "Papai, posso ter uma bicicleta?", "Papai, a gente vai economizar na passagem do ônibus". "Papai, todo mundo tem bicicleta". "Papai, papai, papai...", eles não pediam uma vez apenas, mas continuavam pedindo até receberem.

Tivemos alunos em Guildford que se reuniram em um quarto, trancaram a porta e disseram: "Senhor, não vamos sair deste quarto até que o Senhor nos batize com seu Espírito Santo". Na manhã seguinte, eles saíram transformados. Esse é de fato seu desejo, acima de qualquer outro? Então continue a pedir até receber. O contexto dessa afirmação no capítulo 11 de Lucas é do homem que continuou batendo à porta do vizinho até conseguir pão para seus visitantes, e Jesus disse que é assim que você deve orar. "Quanto mais o Pai que está no céu dará o Espírito Santo a quem o pedir?". Entretanto, em vista do contexto em que vivemos, vou acrescentar *outras três condições* necessárias.

A primeira delas é que você precisa estudar e examinar sua Bíblia, pedindo ao Espírito Santo que o oriente até que você esteja absolutamente convencido pela palavra de Deus de que essa promessa lhe diz respeito e que Jesus quer batizá-lo no Espírito Santo. Não experimente apenas, pensando nas visões diferentes encontradas na igreja. Você precisa ter sua convicção fundamentada na palavra de Deus. Não estou interessado em pessoas que desejam experiências pela experiência em si. Você busca a coragem, a direção, o poder, a pureza, a unidade? São essas as razões para pedir o enchimento com o Espírito Santo, e não apenas uma grande emoção. E espere ver acontecer o que a Bíblia relata. A Bíblia não fala sobre rir, dançar ou jogar-se no chão. Ela fala da explosão de louvor a Deus que sai da sua boca. Portanto, você precisa ter sua perspectiva clara antes de pedir. Está reivindicando uma promessa e se não estiver certo de que promessa se trata, dificilmente poderá reivindicá-la.

Em segundo lugar, estamos tão cheios de *inibições e temores* hoje que primeiro precisamos lidar com eles. Conheci pessoas com medo de fazer papel de bobo, medo do que poderiam fazer se permitissem que o Espírito assumisse o controle, medo do que dirão se falarem em línguas. Conheci todos os tipos de inibições e temores e, de modo especial, a ponderação britânica. É dez vezes mais fácil que alguém com um temperamento latino seja cheio com o Espírito do que um britânico reservado que há tanto tempo exercita o autocontrole e reluta em abandoná-lo.

Finalmente, em nosso contexto, devemos *estar dispostos a ser conduzidos pelo Espírito*, para onde ele levar, seja qual for o preço e a consequência. Um vigário me procurou anos atrás e pediu que eu orasse para que ele fosse cheio com o Espírito Santo. Concordei, com a condição de que ele, como vigário da igreja anglicana, estivesse disposto a ser batizado por imersão como um crente, caso o Espírito Santo assim ordenasse. Ele perguntou por que eu havia lhe pedido isso. Eu disse que estava apenas tentando descobrir se ele estava disposto a ser conduzido pelo Espírito posteriormente. Ele perguntou: "O Espírito Santo me pedirá isso?". E eu respondi: "Pode pedir e pode não pedir. Acho provável que peça, e o que você fará se isso acontecer?". Ele disse: "Posso pensar a respeito?". Três dias depois, voltou decidido: "David, pensei muito. Eu farei o que o Espírito ordenar, custe o que custar". Orei, ele foi cheio com o Espírito e partiu e não soube a seu respeito durante 12 anos, até que vi uma manchete em jornal nacional: "Vigário e toda sua igreja são expulsos da Igreja Anglicana pelo bispo", algo que lhe custou sua pensão, seu vicariato, seu emprego. Mas ele foi obediente ao Espírito Santo.

Você quer apenas a experiência de ser batizado com o Espírito ou quer continuar andando no Espírito, sendo conduzido por ele? Essa é a pergunta mais importante.

Bem, tentei ensiná-lo com base na palavra de Deus. Compartilhei meu testemunho. Sua experiência não será igual a minha, exceto pela explosão de louvor. Agora deixo a questão com você... e com nosso Senhor Jesus Cristo.

SOBRE DAVID PAWSON

Conferencista e escritor com inabalável fidelidade às Sagradas Escrituras, David traz clareza e uma mensagem de urgência aos cristãos para que descubram tesouros escondidos da Palavra de Deus.

Nascido na Inglaterra em 1930, David iniciou sua carreira com formação em Agronomia pela Universidade de Durham. Quando Deus interveio e o chamou para que se tornasse Pastor, ele concluiu o Mestrado em Teologia pela Universidade de Cambridge, e, durante três anos, serviu como capelão na Força Aérea Real. Passou então a pastorear várias igrejas, entre elas o Centro Millmead, em Guildford, que se tornou um modelo para muitos líderes de igrejas do Reino Unido. Em 1979, o Senhor o conduziu a um ministério internacional. Atualmente, seu ministério itinerante é predominantemente para líderes de igrejas. David e sua esposa, Enid, moram hoje no condado de Hampshire, no Reino Unido.

Ao longo dos anos, ele escreveu um grande número de livros, publicações e notas diárias de leitura. Suas extensas e muito acessíveis análises dos livros da Bíblia foram gravadas e publicadas em "Unlocking the Bible" (A Chave para Entender a Bíblia). Milhões de cópias de seu material de ensino têm sido distribuídas em mais de 120 países, oferecendo sólido embasamento bíblico.

Ele é considerado o "pregador ocidental mais influente na China" graças à transmissão de sua bem-sucedida série "Unlocking the Bible" a todas as províncias da China, através da God TV. No Reino Unido, os ensinos de David são transmitidos com frequência pela Revelation TV.

Incontáveis fiéis em todo o mundo também se beneficiaram de sua generosa decisão, em 2011, de disponibilizar sua extensa biblioteca audiovisual, sem custo algum, em: **www.davidpawson.org**. Recentemente, todos os vídeos de David foram carregados em um canal específico em: **www.youtube.com**

SÉRIE A BÍBLIA EXPLICA
VERDADES BÍBLICAS APRESENTADAS DE FORMA SIMPLES

Se você foi abençoado com a leitura deste livro, saiba que outros títulos da série estão disponíveis. Acesse **www.aBibliaexplica.com** e inscreva-se para baixar mais livros gratuitos.

A série A Bíblia Explica inclui:
A Fascinante História de Jesus
A Ressurreição: O ponto central do cristianismo
Como Estudar a Bíblia
A Unção e o Enchimento do Espírito Santo
O Batismo no Novo Testamento
Como Estudar um Livro da Bíblia: Judas
Os principais passos para se tornar um cristão
O que a Bíblia diz sobre: Dinheiro
O que a Bíblia diz sobre: Trabalho
Graça: Favor imerecido, Força irresistível ou Perdão incondicional?
Seguro para sempre? O que a Bíblia diz sobre: Salvação
O Fim dos Tempos
Três textos geralmente usados fora do contexto: Explicando a verdade e expondo o erro
A Trindade
A Verdade sobre o Natal

Você também pode adquirir cópias impressas em:
Amazon ou **www.thebookdepository.com**

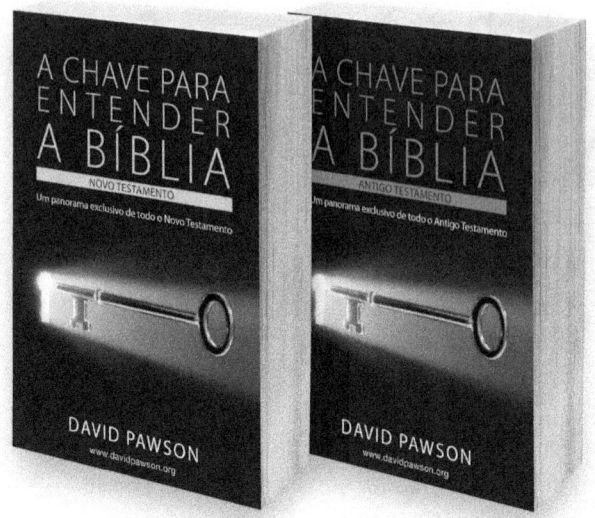

A CHAVE PARA ENTENDER A BÍBLIA

Um panorama exclusivo do Antigo e do Novo Testamento, nas palavras de David Pawson – conferencista e escritor evangélico, reconhecido internacionalmente. "*A Chave para Entender a Bíblia*" elucida a palavra de Deus de maneira inovadora e poderosa. Em uma clara distinção aos tradicionais estudos e comentários bíblicos que tratam versículo por versículo, este livro apresenta a história épica do relacionamento entre Deus e seu povo, em Israel. A cultura, o contexto histórico e os personagens são apresentados e os ensinamentos são aplicados ao mundo contemporâneo. Oito volumes foram compilados nesta edição abrangente, compacta e fácil de usar, com tópicos que cobrem o Antigo e o Novo Testamento.

Do Antigo Testamento: As Instruções do Criador – Os Cinco Livros da Lei; Uma Terra e um Reino – Josué, Juízes, Rute e 1 e 2 Samuel, 1 e 2 Reis; Poemas de Louvor e Sabedoria – Salmos, Cântico dos cânticos, Provérbios, Eclesiastes, Jó; Declínio e Queda de um Império – Isaías, Jeremias e outros profetas; A Luta pela Sobrevivência – Crônicas e os profetas do exílio.

Do Novo Testamento: O Eixo da História – Mateus, Marcos, Lucas, João e Atos; O Décimo Terceiro Apóstolo – Paulo e suas cartas; Do Sofrimento à Glória – Apocalipse, Hebreus, as cartas de Tiago, Pedro e Judas.

Este livro é um best-seller internacional.

OUTROS MATERIAIS DE ENSINO
DE DAVID PAWSON

Para acessar a lista atualizada com os títulos de David Pawson, visite:
www.davidpawsonbooks.com

Para comprar os materiais de ensino de David Pawson, acesse a página:
www.davidpawson.com

www.ingramcontent.com/pod-product-compliance
Lightning Source LLC
Chambersburg PA
CBHW071038080526
44587CB00015B/2677